AF268364

ÉMILE PAGÈS,

LES

SEPT MILLIARDS

DE LA GUERRE

REMBOURSÉS EN QUARANTE-CINQ ANS

SANS AUGMENTATION D'IMPOTS

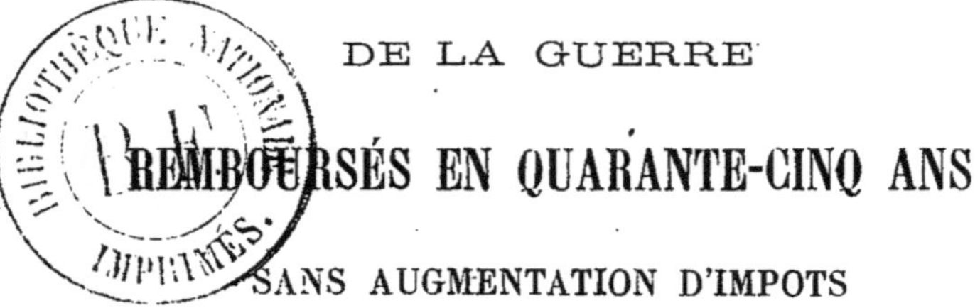

PROJET DE CONVERSION DU 5 %.

PARIS

DENTU, ÉDITEUR

PALAIS-ROYAL (GALERIE D'ORLÉANS), 17 ET 19

—

1876.

LES SEPT MILLIARDS

DE LA GUERRE

REMBOURSÉS EN QUARANTE-CINQ ANS

SANS AUGMENTATION D'IMPÔTS

PROJET DE CONVERSION DU 5 %

Lorsqu'on examine le budget, on éprouve d'abord un sentiment de terreur: On se demande comment la France peut payer des sommes aussi énormes et on ne peut envisager qu'avec effroi une nouvelle guerre, une mauvaise récolte, un événement quelconque qui mettrait l'État dans la nécessité de contracter de nouveaux emprunts.

Comment la France, malgré sa richesse bien constatée, malgré son activité si connue, ferait-elle face à de nouveaux besoins, comment arriverait-elle à payer des impôts nouveaux ?

C'est en examinant le budget que l'on comprend la nécessité, l'urgence des réformes et que l'on cherche comment on pourrait arriver à un équilibre plus stable en diminuant les dépenses toujours croissantes plutôt qu'en augmentant les impôts qui frappent si lourdement aujourd'hui tout ce qui peut être frappé.

D'autres ont étudié les services administratifs et ont reconnu quelles parties étaient indispensables, quelles pouvaient être supprimées. Pour nous, nous renfermant uniquement dans la question financière, recherchant dans le budget tel qu'il est les ressources dont nous avons besoin, nous avons pensé que c'était à la **Dette Publique** elle-même qu'il fallait nous attaquer et que c'était en diminuant les intérêts énormes que paye l'État que nous pourrions utilement diminuer ses dépenses.

Ces considérations nous ont naturellement amené à étudier la conversion du 5 %.

De toutes les questions financières actuellement à l'ordre du jour, la conversion du 5 % est certainement l'une des plus intéressantes.

La hausse énorme du 3 % — 3 fr. pendant le mois de juillet — comparée à l'état stationnaire du 5 %, l'abondance des capitaux, l'abaissement de l'escompte, les bruits qui couraient à la Bourse, tout avait fait prévoir une conversion prochaine ; et, malgré les dénégations de certains officieux qui ne s'engageaient, du reste, que pour le moment présent, nous y croyons encore.

Examinons donc la légitimité, la possibilité, l'opportunité et les avantages d'une conversion. Nous exposerons ensuite notre système et les moyens pratiques à l'aide desquels on arriverait à le réaliser sans difficultés.

I. — LÉGITIMITÉ.

Il semble aujourd'hui que la légitimité d'une conversion soit reconnue par tous. Il s'est pourtant rencontré des gens en si petit nombre que ce soit pour s'écrier comme tous ceux qui se sont opposés aux conversions antérieures : La conversion est une banqueroute déguisée.

C'est une erreur que nous avons à peine besoin de combattre.

L'État se trouve évidemment, vis-à-vis de ses créanciers, dans la situation du débiteur de rente perpétuelle. L'art. 1911 (C. c.) reconnaît si bien le droit qu'a le débiteur de rente perpétuelle de se libérer en payant le capital de la rente, qu'il ne permet pas qu'on suspende plus de dix ans l'exercice du droit de remboursement.

Or, comme nous le verrons, une conversion est un véritable remboursement ; l'opération est donc légale.

Ici se présentent des considérations d'un ordre tout autre. Nombre de gens s'épouvantent et considèrent une conversion comme une façon inique de dépouiller les rentiers. Comment, disent-ils, la

France, en 1871, accablée par une guerre cruelle, anéantie par une paix onéreuse, était sans argent comme sans crédit; elle s'est adressée à nous, et, lorsque tout paraissait désespéré, nous lui avons apporté en deux fois cinq milliards! Faut-il aujourd'hui venir mesquinement chicaner ce que nous avons acquis légitimement? Faut-il, pour faire bénéficier l'État de quelques millions, nous enlever ce que nous n'avons gagné que parce que nous sommes venus au secours de la France?

Ces raisons seraient beaucoup plus discutables si les porteurs de rentes actuels étaient encore ceux qui ont souscrit aux deux emprunts. Ceux-là sont évidemment intéressants. Mais n'ont-ils pas exactement touché leurs arrérages? De quoi se plaignent-ils? Ils ont versé cinq milliards et l'État leur doit, l'État leur paiera sept milliards. Ils ont donné 84 fr. en quatorze mois, on les remboursera, au pair, à 100 fr. Qu'on trouve beaucoup de placements qui, en vous garantissant des intérêts de plus de 6 %, vous donnent encore une majoration de capital d'un sixième.

Quant à ceux qui n'ont pas souscrit aux emprunts, à ceux qui ont acheté depuis 84 fr. jusqu'à 107, l'État ne leur doit rien que le remboursement au pair; ils ont trouvé que le placement était avantageux et c'est pour cela, non pour venir en aide à l'État, qu'ils ont acheté de la rente.

Et, du reste, si, au lieu de monter de plus de 20 fr. en cinq ans, la rente — et il fallait le prévoir, c'était certainement possible — n'avait monté que de 10 fr., qui donc désapprouverait l'État de se libérer en rachetant de la rente 5 % à 95 fr.? Il est donc difficile de crier à l'injustice parce qu'au lieu de 95 fr. on donnera 100 fr.

II. — POSSIBILITÉ.

Nous avons passé rapidement sur la légitimité qui ne nous a jamais paru sérieusement discutée. Nous traiterons plus longuement la possibilité, et, pour cela, nous sommes forcés de remonter un peu haut et de faire, en quelque sorte, l'historique des principales conversions.

D'après le système usité en France, lorsque l'État emprunte, il se fait *vendeur de rentes* et il vend aux capitalistes le droit de recevoir 3 fr., 4 fr. 50 ou 5 fr. par an moyennant un capital variable.

Par contre, pour se libérer d'un semblable emprunt, l'État se fait *acheteur de rentes* sur le marché public, à la Bourse.

Mais tout en vendant des rentes, l'État fait dans son marché mention d'un capital qu'il peut offrir à ses créanciers pour se libérer de toute charge. Ce capital est de 100 fr., quelle que soit l'unité de rentes vendues; c'est ce qu'on appelle le pair.

L'État peut donc toujours se libérer de sa dette par le remboursement du capital nominal, le remboursement au pair. Quand il offre ce remboursement, ce n'est pas pour se libérer, c'est pour arriver à une transformation moins onéreuse de sa dette.

Ce dernier but peut encore être atteint quand, sans offrir le remboursement, l'Etat présente à ses créanciers une combinaison qui, par ses avantages, leur fait accepter une diminution d'intérêt sur le titre dont ils sont porteurs.

Dans le premier cas, la conversion est obligatoire, et le rentier doit se dessaisir de son titre, soit qu'il préfère le remboursement, soit qu'il consente à recevoir un titre nouveau constitué à un intérêt moindre.

Dans le second cas, la conversion est facultative, et le rentier n'abandonne son titre que s'il accepte la combinaison qui lui est offerte.

Il est évident que les conversions obligatoires sont plus avantageuses pour l'État, puisque, dans les conversions facultatives, il faut présenter aux rentiers des avantages importants qui les fassent passer par dessus une diminution d'intérêt.

Mais la conversion obligatoire n'est pas toujours possible. Il faut, ou que l'État ait en réserve des capitaux suffisants pour rembourser les rentiers qui le demanderont, ou qu'il ait auprès de lui des établissements de crédit où il pourra puiser des fonds à un intérêt relativement minime.

Sans cela, il faut en venir aux conversions facultatives, et l'opération est moins utile, soit parce que les rentes converties sont en petite quantité, soit parce que les avantages faits aux rentiers sont tels que le bénéfice se chiffre pour le Trésor par une somme insignifiante.

Aussi, en 1824, M. de Villèle voulut-il faire une conversion obligatoire. Malheureusement, la mesure de la réduction du 5 % en 3 % à 75 fr., votée par la Chambre des députés, fut repoussée par la Chambre des pairs, à une majorité de quinze voix; et quand, l'année suivante, le projet fut repris, les circonstances ayant changé, la conversion fut

facultative au lieu d'être obligatoire. Sur 197,085,973 fr. de rente 5 %
qui existaient alors, il n'y eut que 34,723,956 fr. de rentes qui furent
convertis, et le Trésor n'en retira qu'un bénéfice d'environ 6 millions
de rente.

Ce n'est qu'en 1852 que nous retrouvons une conversion, obligatoire cette fois, du 5 % en 4 1/2. Les résultats sont excellents ; sur
179,349,602 fr. de rente 5 %, on ne demande le remboursement que
de 3,685,592 fr., et on convertit 175,664,010 fr., malgré la réduction
d'un demi %.

En 1862, conversion facultative. Le 4 1/2 est converti en 3 % ; mais
ici c'est une opération d'un mode nouveau ; nous trouvons pour la première fois la conversion avec soulte. Le 4 1/2 étant à 99 fr. 50, 4 fr. 50
en 4 1/2 valent 99 fr. 50 ; le 3 % étant à 71 fr., 4 fr. 50 en 3 %
valent 106 fr. 50, ce qui constitue une différence de 7 fr. au profit du
3 %. On offre au rentier 4 fr. 50 de 3 % ; il aura l'avantage d'avoir
un capital nominal de 150 fr. au lieu de 100 fr. ; mais il donnera 7 fr.
par 4 fr. 50 de rente. C'est pour avoir ces 7 fr. — la soulte — que
l'Etat fait la conversion.

Il est facile de voir les inconvénients d'une semblable opération.
Elle donne, il est vrai, les moyens de parer momentanément aux dé-
couverts présents du Trésor ; mais c'est aux dépens de l'avenir, c'est
en augmentant le capital nominal de la dette, qu'il faudra bien rembourser un jour, quoi qu'en aient dit alors les orateurs du gouvernement.

Cette forme de conversion était, du reste, condamnée sévèrement
par le baron Louis : « J'emprunterais, disait-il, si j'étais réduit par la
« nécessité, si je ne pouvais obtenir de meilleure condition, à 6, 7, 8,
« 9, 10 %, à de gros intérêts tant qu'on voudra, mais jamais avec
« augmentation de capital, parce que, dans des temps meilleurs, je
« rachèterais avec l'amortissement, tandis qu'au contraire, avec un
« intérêt modique et un capital immense, je ne pourrais jamais rache-
« ter, et je finirais par succomber. »

Nous ne sommes plus d'ailleurs dans la situation où se trouvait le
gouvernement en 1862. Le découvert était énorme ; la dette flottante
s'élevait à près d'un milliard, et on n'osait pas, dans de semblables
conditions, émettre un emprunt. Il fallait pourtant de l'argent ; on eut

recours à la conversion, qui fut en réalité un emprunt déguisé sans augmentation d'intérêts à payer par l'État.

III. — OPPORTUNITÉ. — AVANTAGES.

Une des considérations les plus graves dans une conversion, c'est l'opportunité ; on comprend qu'une opération de ce genre doit réussir, sous peine de porter la plus rude atteinte au crédit public. Or, les conditions les plus favorables sont aujourd'hui réunies.

Le 5 % est largement au-dessus du pair ; le 4 1/2 a dépassé 100 fr. ; le 3 % a atteint 72 fr. 50. Les obligations de chemin de fer valent de 330 à 340 fr., malgré les impôts dont elles ont été frappées.

Le public est dégoûté à juste titre des placements turcs, égyptiens ou péruviens, qui n'ont donné que momentanément de gros intérêts, et dans lesquels on a perdu au moins moitié de son capital. On cherche des placements solides, et on accepte avec raison des intérêts moindres pour être certain de conserver son capital.

En présence de la masse énorme de capitaux qui cherchent des placements sûrs et qui préfèrent à des risques trop connus et trop certains les revenus insignifiants donnés aux comptes courants par la Banque de France ou par nos grands établissements de crédit, le taux de l'escompte s'est abaissé et l'intérêt de l'argent l'a suivi.

Les impôts ont déjà donné une plus-value supérieure à 100 millions et on peut estimer qu'on arrivera cette année à un excédant d'au moins 150 millions.

Si au lendemain de nos désastres, la Banque de France a pu prêter au gouvernement des sommes énormes à un intérêt minime, qui donc douterait de ce qu'elle peut faire aujourd'hui alors que ses caisses contiennent plus d'argent que jamais ?

Nous pouvons donc faire une conversion obligatoire.

Nous sommes sûrs de trouver de l'argent en quantité suffisante aux conditions que nous voudrons.

Ajoutons qu'on s'attend à une conversion et qu'en pareil cas la peur est pire que le mal. Le petit capitaliste s'effraie, il craint d'avoir une soulte à payer et il vend sans savoir ce qu'il doit racheter. Le jour où il connaîtra exactement son sort, où il saura que l'État ne lui demande pas d'argent, il acceptera sans peine une réduction d'intérêt.

D'un autre côté — et c'est le revers de la médaille — l'ébranlement résultant de la guerre de 1870 a été tel en Europe, que les affaires sont dans la plus complète stagnation. Nul ne veut s'engager dans une spéculation à long terme ; on veut voir immédiatement les résultats, savoir tout de suite sur quels revenus on peut compter de façon à établir son budget avec certitude. Aussi les fonds français seront-ils toujours recherchés, même si le revenu est réduit.

De plus, si l'État diminue l'intérêt qu'il donne aujourd'hui, s'il change complètement la nature du 5 %, s'il en fait un fonds d'État donnant 4 % environ, le 3 % n'étant plus gêné par un fonds similaire ayant dépassé le pair reprendra toute son élasticité et nous le verrons à des cours plus élevés que jamais.

Enfin en faisant une conversion, on améliorera le crédit public en général, on contribuera à la baisse du taux de l'intérêt, on donnera des facilités nouvelles à l'industrie et aux grandes entreprises pour se procurer les capitaux qui leur sont nécessaires.

La combinaison que nous voulons présenter n'est donc pas seulement une opération honnête et avantageuse pour le Trésor, elle est aussi conçue dans une pensée plus générale et plus élevée de prospérité publique.

IV. — PROJET DE CONVERSION.

Ainsi que nous l'avons vu, les moyens qui sont à la disposition des gouvernements pour arriver à l'atténuation ou à l'extinction de leurs dettes sont de plusieurs sortes.

Au-dessous du pair, l'État rachète à la Bourse les rentes au cours.

Au-dessus du pair, l'État peut mettre ses créanciers dans la nécessité d'opter entre le remboursement du capital et une transformation de la dette moins onéreuse pour lui. Il peut aussi, sans offre de remboursement, présenter à ses créanciers une combinaison qui, par ses avantages, leur fasse accepter une diminution d'intérêt. C'est ce que nous avons dit déjà.

Le 5 % est depuis longtemps au-dessus de 100 fr. Il n'y a donc pas à s'occuper d'un rachat qui serait inutilement onéreux pour le Trésor.

Restent alors les conversions. Faut-il convertir purement et simplement le 5 °/₀ en 4 1/2 ou en 4 °/₀ ou offrir au rentier du 3 °/₀ avec soulte?

Nous ne le pensons pas. Pourquoi le ferait-on? Nous n'avons pas un besoin pressant d'argent; le Trésor n'a pas à se faire pardonner un énorme découvert; la dette flottante ne doit nullement nous inquiéter et les impôts, nous l'avons dit, donneront sûrement cette année une plus value de 150 millions.

Donc pas de conversion avec soulte. Ce que nous voulons d'ailleurs ce n'est pas dégrever le présent en surchargeant l'avenir, c'est au contraire assurer cet avenir qui nous effraie si nous restons sous le poids écrasant de nos dettes, c'est éviter une banqueroute qu'amèneraient certainement de nouveaux emprunts, banqueroute que nous ne verrions pas peut-être, mais dont nous voulons à tout prix préserver nos enfants.

Nous ne sommes pas du reste de cette école qui prétend que l'État n'a pas à s'inquiéter de l'amortissement, parce que généralement on est forcé de faire de nouveaux emprunts avant d'avoir amorti complètement. Ne critiquerait-on pas à juste titre un particulier qui s'occuperait uniquement de payer les intérêts de ses dettes sans chercher à rembourser le capital, sous prétexte qu'avant d'avoir achevé le remboursement, il sera peut-être forcé de contracter de nouvelles dettes?

Il faut donc rembourser. Or l'État a-t-il, peut-il avoir jamais 7 milliards pour rembourser d'un seul coup toute la rente 5 °/₀? Non évidemment.

Il faut alors arriver à un remboursement partiel, qui, fonctionnant toujours, d'une manière régulière, nous montre à une époque précise la libération de l'État.

Or il est impossible de rembourser une rente de cette façon. La rente sur l'État forme un tout homogène, absolu, qui se divise tous les jours et se réunit tous les jours. Le Trésor a ouvert en 1871 et 1872 sur le Grand-Livre un compte de 350 millions de rente 5 °/₀ et ce compte se divise en autant de coupures que le désirent les rentiers. Mais les coupures d'aujourd'hui ne sont pas celles de demain. Comment donc procéder à un remboursement partiel sans blesser à la fois la justice et l'égalité?

Il n'y a pas là de parts égales comme les actions d'une compagnie.

Nous devons donc changer la nature de la dette et créer une valeur divisible en unités qui seront alors remboursables par tirages, en un mot changer la rente 5 % en obligations remboursables par la voie du sort.

Chaque fois que l'État aurait de l'argent disponible, on tirerait un certain nombre de numéros qui seraient remboursés.

Voilà le premier principe sur lequel se base notre combinaison. Il y a actuellement 350 millions (350,000,000) de rentes 5 % représentant par conséquent un capital de 7 milliards. Au lieu de cette rente l'État crée 14 millions (14,000,000) d'obligations remboursables par tirages à 500 fr., ce qui représente également un capital de 7 milliards.

Malheureusement si ce système a de grands avantages, il présente aussi des inconvénients. Nous avons déjà l'égalité et la justice dans le remboursement; cherchons à y ajouter la régularité qui seule peut nous amener à un remboursement effectif; et c'est surtout en vue du remboursement que nous cherchons un mode de conversion. L'État ne verra pas toujours les impôts donner une plus-value de 150 millions comme cette année. Faudra-t-il toujours attendre ces plus-value pour faire un remboursement qui ne sera complet alors que dans une période indéfinie et absolument indéterminée? Ou bien faudra-t-il, pour avoir un fonds d'amortissement, créer de nouveaux impôts, augmenter encore les charges des contribuables, chercher toujours de nouvelles matières imposables, et, pour arriver à libérer l'État, ruiner les particuliers.

Certainement non ; il faut donc chercher autre chose.

Il est évident, nous l'avons déjà remarqué, qu'aujourd'hui l'abondance d'argent a fait baisser, dans une assez large mesure, le taux de l'intérêt. Il est certain que le crédit de l'État, relevé depuis 1871, est destiné à s'accroître encore. Si aujourd'hui un emprunt était à faire, il pourrait être émis, non plus à 6 1/4 %, comme au lendemain de nos désastres, mais à 4 1/2 ou 4 %. Pourquoi donc les rentiers ne subiraient-ils pas actuellement cette diminution d'intérêt que supportent depuis longtemps déjà tous ceux qui possèdent des valeurs mobilières?

Aussi ne verrions-nous aucun inconvénient à ne pas donner un revenu de 25 fr. aux obligations nouvelles créées pour remplacer le 5 %. La rente 3 %, que nous pouvons considérer comme la rente type, est à plus de 72 fr., et elle montera probablement encore. Au cours de 72 fr., en 3 %, pour 500 fr. de capital, vous avez un revenu de 20 fr. 8333. Attribuez aux obligations nouvelles un revenu de 21 fr., et vous procurerez ainsi aux rentiers un placement avantageux, puisqu'ils ne pourraient, en acceptant le remboursement, placer leur argent au même taux dans une valeur similaire.

De plus, le Trésor aura un bénéfice de 4 fr. par obligation — 4 fr. par 25 fr. de rente — et le service de cette portion de la dette ne demandera plus que 294 millions, au lieu de 350.

Or, si, dans ces conditions, on veut appliquer au remboursement les 56 millions dont cette réduction d'intérêt ferait bénéficier l'État, en y ajoutant chaque année, bien entendu, les intérêts des obligations remboursées, on arrive à un remboursement total en 45 ans. Au bout de cette période, on aura payé à 500 fr. un total de 14,309,277 obligations.

La rapidité de ce remboursement, obtenu en donnant du 4,20 % au lieu de 5 % (21 fr. au lieu de 25 fr.), n'étonnera pas, du reste, ceux qui savent comment s'accroissent les capitaux placés à intérêts composés.

Donnons cependant quelques chiffres. La première année, l'État aura un bénéfice de 56 millions et remboursera 112,000 obligations. Dès la seconde année, les intérêts des 112,000 obligations remboursées (21 fr. × 112,000) venant s'ajouter aux 56 millions primitifs, ce ne sera plus 112,000, mais 116,704 obligations qui seront remboursées.

A la 10ᵉ année, on aura remboursé 1,357,188 obligations; à la 20ᵉ, 3,404,865; à la 40ᵉ, 11,157,987; et enfin, à la 45ᵉ, en suivant toujours le même mode, on arrive au total, que nous annoncions plus haut, de 14,309,277 obligations.

En résumé, nous proposons la conversion obligatoire du 5 % en obligations rapportant 21 fr. et remboursables à 500 fr. par tirages annuels.

Ainsi, sans imposer au pays des charges nouvelles, sans demander l'augmentation d'un seul impôt, réservant pour les cas extrêmes où l'État serait forcé de contracter de nouveaux emprunts, la création de nouvelles branches de revenus, par une simple réduction d'intérêt, nous arriverions régulièrement, sûrement, nécessairement à une libération complète.

Plus de discussion, comme en 1825, pour savoir si l'on doit racheter au-dessus du pair. Le chiffre du remboursement est fixe : 500 fr., au pair.

Le rentier est prévenu, et le tirage au sort ne déterminera que l'époque du remboursement. La situation est nette et avantageuse pour l'Etat qui se libère et pour le rentier à qui l'on garantira, par un article de la loi, l'intégralité de ses revenus (24 fr. par obligation) pendant toute la durée de l'amortissement.

Que si, du reste, on trouvait que nous cherchons trop uniquement l'intérêt de l'État, et que nous ne nous préoccupons pas assez de la situation qui serait faite aux rentiers, si on pensait que le 3 % n'est pas en ce moment à un taux assez élevé pour permettre une conversion dans les conditions que nous proposons, qu'on veuille bien remarquer que nous ne tenons pas absolument aux chiffres que nous avons indiqués.

Nous croyons qu'on peut réduire l'intérêt du 5 % de 16 %. Si la proportion semble trop élevée, qu'on le réduise seulement de 12 %. On donnera alors 22 fr. par obligation, ce qui représentera du 3 % à 68 fr. 1818, soit, en chiffres ronds, à 68 fr. 20. Le rentier, subissant une réduction d'intérêt moins forte, aura d'autant plus d'avantage à accepter la conversion ; seulement le remboursement, au lieu d'être complet en 45 ans, ne le sera qu'en 50. On pourrait aussi, en diminuant l'intérêt, promettre aux rentiers un accroissement de capital et créer, par exemple, des obligations rapportant 20 fr. et remboursables à 600 fr., le remboursement serait encore complet en 50 ans.

Mais, encore une fois, nous ne tenons pas à tels ou tels chiffres ; nous attachons une bien plus grande importance à l'adoption des deux principes qui contiennent toute l'économie de notre projet :

Conversion de la rente 5 % en obligations, ce qui permet le remboursement par tirages.

Réduction d'intérêt, ce qui fournit un fonds d'amortissement toujours prêt.

On nous a fait une objection qui, si nous l'avons bien comprise, nous semble, au contraire, un argument en notre faveur : Pourquoi, nous a-t-on dit, convertissez-vous une rente consolidée en obligations, quand des pays voisins, comme l'Autriche, convertissent leurs obligations d'État en rentes consolidées ? Croyez-vous donc que nos voisins, qui ont expérimenté le système des obligations, ne sont pas revenus à la rente parce qu'ils l'ont trouvée plus avantageuse ?

A ceci, nous n'avons qu'un mot à répondre. L'Autriche remboursait ses obligations ; ce remboursement, qui lui semblait onéreux, elle l'a évité par une conversion en rentes perpétuelles ; pour nous, à l'inverse de l'Autriche, nous voulons rembourser notre dette ; nous devons donc faire le contraire de ce qu'elle a fait, et convertir en obligations.

V. — MOYENS PRATIQUES DE CONVERSION.

Indiquons rapidement comment — si nos idées étaient admises par le Gouvernement — pourrait se faire la conversion du 5 % en obligations sans aucun frais pour le rentier et sans grandes dépenses pour le Trésor.

La loi votée par les deux Chambres a été promulguée par le Président de la République. Toutes les rentes 5 % seront transférées par les soins de l'administration centrale des Finances à Paris, et des trésoriers généraux en province. Elles seront remplacées par des bons délivrés par le Grand-Livre et représentant une somme de rente égale à la somme de la coupure transférée.

Ces bons seront remboursés au pair par le Trésor si le rentier le désire ou seront échangés eux-mêmes contre autant d'obligations qu'ils contiendront de fois 25 fr. de rente.

Quant aux fractions inférieures à 25 fr., elles donneront droit à des promesses d'obligations à charge par le porteur de réunir ou de transférer.

Ainsi on donnera au porteur d'une rente de 357 fr. un bon de 357 fr. de rente qu'on lui remboursera à 7,140 fr. ou qu'il échangera contre 14 obligations rapportant ensemble 298 fr. plus une promesse de 7 fr. qui pourra être négociée à la Bourse ou réunie à d'autres promesses formant avec celle de 7 fr. un total de 25 fr. Ou le porteur vendra ses 7 fr. ou il achètera 18 fr. et il aura alors une obligation.

Comme les rentes sur l'État, ces obligations pourraient être nominatives, au porteur ou mixtes, c'est-à-dire nominatives avec coupons au porteur.

Qui paye ses dettes s'enrichit, a dit un proverbe qui, pour être vulgaire, n'en est pas moins juste. C'est en payant fidèlement, exactement nos dettes que nous conserverons, que nous augmenterons notre crédit.

La France a étonné le monde par la facilité avec laquelle elle a trouvé cinq milliards au lendemain de ses défaites ; aujourd'hui, cinq ans après cet emprunt colossal, nous entreprenons une opération plus gigantesque : le remboursement de sept milliards. Nous croyons avoir démontré que ce remboursement était non-seulement utile mais nécessaire ; non-seulement possible, mais facile. Nous avons essayé de présenter notre combinaison aussi clairement et aussi nettement qu'elle était claire et nette dans notre esprit.

Ce qu'il peut y avoir de malentendu ou de défectueux dans notre système, d'autres plus habiles le rectifieront. Pour nous, convaincu qu'une idée juste fait toujours son chemin, c'est avec confiance que nous avons écrit ces lignes.

« L'État, écrivait en 1853 M. Léon Say, l'État, comme les particu-
« liers, doit administrer sa fortune selon des règles facilement déter-
« minées, et l'une des plus importantes de ces règles est de renfermer
« ses dépenses dans les limites de ses ressources.

« Si, pour subvenir à des besoins impérieux, l'État doit se départir
« d'une règle si sage, toute la préoccupation des hommes d'État qui
« le dirigent doit être de le faire rentrer dans la voie normale en rem-
« boursant peu à peu les capitaux qu'il s'est fait avancer. »

Ces paroles si sages, M. le ministre des finances ne les désavouera pas aujourd'hui. Il comprendra combien est morale cette pensée que nous devons nous-mêmes payer nos dettes, non les léguer insoucieusement à nos enfants ; et, tenté par la gloire toute pacifique d'associer son nom au remboursement des sept milliards de la guerre, il voudra se mettre à la tête de l'opération qui permettra, dans 45 ans, tout en dégrevant l'agriculture et l'industrie, de consacrer chaque année des sommes plus importantes au développement de l'instruction et au progrès des sciences, des lettres et des arts.

Septembre 1876.

Paris. — Imp. Léautey, rue Saint-Guillaume, 23.

9 782012 964679